금강반야바라밀경
金剛般若波羅蜜經

우룡큰스님 · 김현준 편역

효림

우룡雨龍 큰스님

1947년 해인사에서 고봉스님을 은사로 출가. 해인사 등 전국 여러 강원의 강사를 역임하였으며, 통도사 극락선원, 수덕사 능인선원 등의 제방선원에서 수선안거하였다. 현재 경주 함월사 조실로 계시면서 후학을 지도하고, 불자들의 불심을 깨우쳐 주고 계신다. 저서로는 『생활 속의 금강경』 등 10여종이 있다.

김현준金鉉埈

평생을 불교 수행·포교·연구에 몰두하였으며, 현재 불교신행연구원 원장, 월간 「법공양」 발행인 및 편집인, 효림출판사와 새벽숲출판사의 주필 및 고문으로 활동하고 있다. 저서로는 『그래서 인연입니다』『생활 속의 반야심경』 등 40여종과 불자들의 신행을 돕는 사경집 20여종, 『법화경』 등 번역서 10여종이 있다.

금강반야바라밀경

초　판 1쇄 펴낸날 2005년 6월 6일(29쇄 발행)
개정판 1쇄 펴낸날 2026년 1월 3일

편역자 우룡큰스님 · 김현준
펴낸이 김연지
펴낸곳 효림출판사
등록일 1992년 1월 13일 (제 2-1305호)
주　소 서울특별시 서초구 반포대로14길 30, 907호 (서초동, 센츄리 I)
전　화 02-582-6612, 587-6612
팩　스 02-586-9078
이메일 hyorim@nate.com

값 5,000원

ISBN 979-11-94961-08-6 03220

차 례

금강경 기도 발원문

개경계開經偈

가장높고 심히깊은 부처님법문	무상심심미묘법 無上甚深微妙法
백천만겁 지나간들 어찌만나리	백천만겁난조우 百千萬劫難遭遇
저희이제 보고듣고 받아지녀서	아금문견득수지 我今聞見得受持
부처님의 진실한뜻 깨치오리다	원해여래진실의 願解如來眞實意

개법장진언開法藏眞言

옴 아라남 아라다(3번)

나무금강반야바라밀경(3번)

금강경
한글 독송본

金剛般若波羅蜜經

금강반야바라밀경

법회인유분法會因由分 제일

이와 같이 나는 들었다.

어느 때 부처님께서는 사위국(舍衛國)의 기수급고독원(祇樹給孤獨園)에서 천이백오십 인의 큰비구 제자들과 함께 계시었다.

이날도 세존께서는 공양시간이 되자 가사를 입으신 뒤 바루를 들고 사위성으로 나아가, 한 집 한 집 차례대로 밥을 빌어 마치시고 본처(本處)로 돌아와 공양을 하시었다. 그리고 가사와 바루를 제자리에 정돈해 놓으시고 발을 씻은 다음 자리를 펴고 앉으

셨다.

선현기청분善現起請分 제이

그때 장로 수보리가 대중과 함께 있다가 자리에서 일어나, 오른쪽 어깨를 드러내고 오른쪽 무릎을 꿇고 합장하여 부처님께 아뢰었다.

"희유하옵니다, 세존이시여. 여래께서는 언제나 보살들을 잘 보살펴 주시고 보살들에게 잘 당부를 하십니다.

세존이시여, 선남자선여인들이 아뇩다라삼먁삼보리심(阿耨多羅三藐三菩提心)을 발한 다음, 마땅히 어떻게 그 마음을 유지하여야 하며, 어떻게 그 마음을 항복받아야 하나이까〔應云何住(응운하주) 云何(운하) 降伏其心(항복기심)〕?"

부처님께서 이르셨다.

"착하고 착하구나, 수보리야. 네 말과 같이 여래는 보살들을 잘 보살펴주고, 보살들에게 잘 당부를 하느니라. 너희는 이제 자세히 들으라. 마땅히 너희를 위해 설해 주리라.

선남자선여인이 아뇩다라삼먁삼보리심을 낸 다음에는 마땅히 이와 같이 그 마음을 유지하고, 이와 같이 그 마음을 항복받아야 하느니라〔應如是住 如是降伏其心(응여시주 여시항복기심)〕."

"예, 세존이시여. 원컨대 기쁜 마음으로 듣고자 하옵니다."

대승정종분大乘正宗分 제삼

부처님께서 수보리에게 이르셨다.

"모든 보살마하살들은 마땅히 이와 같이 그 마음을 항복받아야 하나니, 이른바 온갖 중생들, 곧 난생(卵生)·태생(胎生)·습생(濕生)·화생(化生)의 중생과, 형태가 있는 중생〔若有色(약유색)〕·형태가 없는 중생〔若無色(약무색)〕·생각이 있는 중생〔若有想(약유상)〕·생각이 없는 중생〔若無想(약무상)〕·생각이 있는 것도 아니요 생각이 없는 것도 아닌 중생〔若非有想非無想(약비유상비무상)〕, 모두를 나는 무여열반(無餘涅槃)(완전한 열반)에 들게 하여 제도〔滅度(멸도)〕하느니라.

이와 같이 한량없고 수도 없고 끝이 없는 중생을 제도하지만, 실로 제도를 받은 중생은 없느니라. 왜냐하면 수보리야, 만약 보살에게 아상(我相)·인상(人相)·중생상(衆生相)·수자상(壽者相)이 있으면 곧 보살이 아니기 때문이니라."

묘행무주분妙行無住分 제사

"또 수보리야, 보살은 마땅히 그 어디에도 머무는 바 없이 보시(布施)를 해야 하나니, 색에 머물지 않고 보시를 해야 하며, 소리나 냄새나 맛이나 감촉이나 법에 머물지 않고 보시를 해야 하느니라.

수보리야, 보살은 마땅히 이와 같이 보시하여 상(相)에 머물지 않아야 하느니라. 왜냐하면 보살이 상에 집착하지 않고 보시를 하면, 그 복덕이 가히 헤아릴 수 없을 만큼 크기 때문이니라.

수보리야, 네 생각은 어떠하냐? 동쪽 허공의 크기를 가히 헤아릴 수 있겠느냐?"

"헤아릴 수 없나이다, 세존이시여."

"수보리야, 남쪽·서쪽·북쪽의 허공과

동남·서남·동북·서북쪽과 위·아래 허공의 크기를 가히 헤아릴 수 있겠느냐?"

"헤아릴 수 없나이다, 세존이시여."

"수보리야, 보살이 상에 집착함이 없이 베푸는 무주상보시(無住相布施)의 복덕 또한 이와 같아서, 가히 헤아릴 수 없느니라. 그러므로 수보리야, 보살은 마땅히 지금 내가 가르쳐 준 대로 마음을 유지하여야 하느니라."

여리실견분如理實見分 제오

"수보리야, 네 생각은 어떠하냐? 가히 신상(身相)(몸의 겉모습)으로써 여래를 볼 수 있겠느냐?"

"아니옵니다, 세존이시여. 신상으로는 여래를 볼 수 없나이다. 왜냐하면 여래께서 설하시는 신상은 곧 신상이 아니기 때문입니다."

부처님께서 수보리에게 이르셨다.

무릇 있는 바 상은	범소유상 凡所有相
다 허망된 것이니	개시허망 皆是虛妄
만약 모든 상이 상 아님을 보면	약견제상비상 若見諸相非相
곧 여래를 보게 되느니라	즉견여래 卽見如來

정신희유분正信希有分 제육

수보리가 부처님께 아뢰었다.

"세존이시여, 자못 어떤 중생이 이와 같은 말씀이나 글귀를 보고 진실한 믿음을 낼 수 있겠나이까?"

부처님께서 수보리에게 이르셨다.

"그러한 말을 하지 말라. 여래가 열반

에 든 뒤의 후오백세에도, 계를 지키고 복을 닦는 이는 이 가르침에 대해 능히 신심을 내고 이를 진실로 삼으리니, 마땅히 알아라. 이 사람은 한 부처님이나 두 부처님, 셋·넷·다섯 부처님께만 선근을 심은 것이 아니라, 이미 한량이 없는 천만 부처님께 온갖 선근을 심었으므로, 이 가르침을 듣고 한 생각에 깨끗한 믿음을 내느니라.

수보리야, 여래는 이러한 중생들이 한량 없는 복덕을 얻음을 다 알고 다 보시느니라. 왜냐하면 이 중생들에게 다시는 아상·인상·중생상·수자상이 없으며, 법상(法相)(법이라는 생각)도 없고, 비법상(非法相)(법이 아니라는 생각)도 없기 때문이니라.

왜냐하면 이 중생들이 마음에 어떤 상을 취하게 되면 아상·인상·중생상·수자상에 집착함이 되기 때문이니, 만약 법상을 취하여도 아상·인상·중생상·수자상에 집착함이요, 비법상을 취하여도 아상·인상·중생상·수자상에 집착함이 되느니라.

그러므로 마땅히 법도 취하지 말고 비법도 취하지 말지니라.

이러한 까닭에 여래는 항상 '비구들이여, 너희는 내가 설한 법을 뗏목처럼 여겨야 한다'고 말한 것이다. 이렇게 법도 오히려 놓아버려야 하거늘, 하물며 법 아닌 것이랴."

무득무설분無得無說分 제칠

"수보리야, 네 생각은 어떠하냐? 여래가 '아뇩다라삼먁삼보리를 얻었다'고 생각하느냐? 여래가 '설한 바 법이 있다'고 생각하느냐?"

수보리가 아뢰었다.

"제가 부처님께서 설하신 바의 뜻을 알기로는, 아뇩다라삼먁삼보리라고 이름할 만한 정해진 법이 없으며, 여래께서 설하시는 정해진 법 또한 없나이다. 왜냐하면 여래께서 설하시는 법은 가히 다 취할 수도 없고 가히 다 말할 수도 없으며, 법도 아니요 비법도 아니기 때문입니다.

그 까닭은 모든 현성이 다 무위법(無爲法)으로써 차별을 삼기 때문입니다."

의법출생분依法出生分 제팔

"수보리야, 네 생각은 어떠하냐? 어떤 사람이 일곱 가지 보배로써 삼천대천세계(三千大千世界)

에 가득 찰 만큼의 보시를 하였다면, 이 사람의 얻는 바 복덕은 얼마나 많겠느냐?"

수보리가 아뢰었다.

"매우 많겠나이다, 세존이시여. 왜냐하면 이 복덕은 곧 복덕성(福德性)이 아니기 때문에, 여래께서는 복덕이 많다고 설하시옵니다."

"만약 어떤 사람이 이 경 가운데의 사구게(四句偈) 등을 받아지녀서 남을 위하여 설해 준다면, 그 복덕은 앞에서 말한 복덕보다 훨씬 더 뛰어나니라. 왜냐하면 수보리야, 모든 부처님과 모든 부처님의 아뇩다라삼먁삼보리법이 모두 이 경전에서 나온 때문이니, 수보리야, 이른바 불법(佛法)이라 하는 것은 곧 불법이 아니니라."

일상무상분一相無相分 제구

"수보리야, 네 생각은 어떠하냐? 수다원(須陀洹)이 스스로 생각하기를, '나는 수다원과를 얻었노라'고 하겠느냐?"

수보리가 아뢰었다.

"아니옵니다, 세존이시여. 왜냐하면 수다원을 이름하여 입류(入流)라고 하지만 들어간 바가 없으니, 색성향미촉법에 들어가지 않으므로 수다원이라 이름하옵니다."

"수보리야, 네 생각은 어떠하냐? 사다함(斯陀含)이 스스로 생각하기를, '나는 사다함과를 얻었노라'고 하겠느냐?"

수보리가 아뢰었다.

"아니옵니다, 세존이시여. 왜냐하면 사다함을 이름하여 일왕래(一往來)라 하지만, 실로 가고 옴이 없으므로 사다함이라 이름하옵니다.”

“수보리야, 네 생각은 어떠하냐? 아나함(阿那含)이 스스로 생각하기를, ‘나는 아나함과를 얻었노라’고 하겠느냐?”

수보리가 아뢰었다.

“아니옵니다, 세존이시여. 왜냐하면 아나함을 이름하여 불래(不來)라고 하지만, 실로 오지 않음이 없으므로 아나함이라 이름하옵니다.”

“수보리야, 네 생각은 어떠하냐? 아라한(阿羅漢)이 스스로 생각하기를, ‘나는 아라한도를 얻었노라’고 하겠느냐?”

수보리가 아뢰었다.

“아니옵니다, 세존이시여. 왜냐하면 실

로 아라한이라 이름할 법이 없기 때문입니다. 세존이시여, 만약 아라한이 스스로 생각하기를, '나는 아라한도를 얻었노라'고 하면, 그것은 곧 아상·인상·중생상·수자상에 집착함입니다.

세존이시여, 부처님께서는 저를 '무쟁삼매(無諍三昧)를 얻은 사람들 중에 최고요 욕심을 떠난 제일의 아라한'이라고 하시지만, 제 스스로는 '내가 욕심을 떠난 아라한'이라는 생각을 하지 않나이다.

세존이시여, 제가 만약 '나는 아라한도를 얻었다'고 생각한다면, 세존께서 '수보리는 아란나행(阿蘭那行)을 즐기는 이'라고 말씀하지 않을 것이나, 수보리가 실로 행하는 바가 없기 때문에 '수보리는 아란나행을 즐기는 이'라고 말씀하시나이다."

장엄정토분莊嚴淨土分 제십

부처님께서 수보리에게 이르셨다.

"네 생각은 어떠하냐? 그 옛날에 여래가
燃 燈 佛
연등불의 처소에서 법을 얻은 바가 있다고 생각하느냐?"

"아니옵니다, 세존이시여. 여래께서는 연등불의 처소에서 법을 실로 얻은 바가 없나이다."

"수보리야, 네 생각은 어떠하냐? 보살이 불국토를 장엄하느냐?"

"아니옵니다, 세존이시여. 왜냐하면 불국토를 장엄하는 것은 곧 장엄이 아니라 그 이름이 장엄이기 때문입니다."

"그런 까닭에 수보리야, 모든 보살마하살은 마땅히 이와 같이 청정한 마음을 내어야 하나니, 마땅히 색에 머물러 마음을 내지 말 것이요 소리와 냄새와 맛과 감촉과 법에 머물러 마음을 내지 말 것이며, 마땅히 머무는 바 없이 그 마음을 내어야 하느니라〔應無所住 而生其心(응무소주 이생기심)〕.

수보리야, 비유하건대 어떤 사람의 몸이 수미산(須彌山)만하다면, 네 생각은 어떠하냐? 그 몸이 크다고 하겠느냐?"

수보리가 아뢰었다.

"매우 크겠나이다, 세존이시여. 왜냐하면 부처님께서는 몸 아닌 것을 이름하여 큰 몸이라 설하셨기 때문입니다."

무위복승분無爲福勝分 제십일

"수보리야, 항하(恒河)에 있는 모래알 수만큼이나 많은 항하가 또 있다고 한다면, 네 생각은 어떠하냐? 이 모든 항하의 모래는 얼마나 많겠느냐?"

수보리가 아뢰었다.

"매우 많나이다, 세존이시여. 모든 항하의 수만 하여도 오히려 헤아릴 수 없이 많을 것인데, 하물며 그 모래알의 수이겠나이까?"

"수보리야, 내 이제 진실한 말로 그대에게 이르노라. 만약 선남자선여인이 칠보로써 저 항하의 모래알 수만큼이나 많은 삼천대천세계에 가득 차도록 보시를 한다면, 그가 얻을 복은 얼마나 많겠느냐?"

수보리가 아뢰었다.

"매우 많나이다, 세존이시여."

부처님께서 수보리에게 이르셨다.

"만약 선남자선여인이 이 경 가운데의 사구게 등을 받아지니고 다른 사람을 위해 설한다면, 이 복덕은 앞서 말한 보시의 복덕보다 더 수승하니라."

존중정교분尊重正教分 제십이

"또 수보리야, 이 경을 따라 사구게 등을 설한다면 마땅히 알지어다. 이곳을 일체 세간의 천인·인간·아수라 등이 부처님의 탑과 절에 하듯이 공양하느니라. 하물며 어떤 사람이 이 경 모두를 수지하고 독송함에 있어서랴.

수보리야, 마땅히 알지어다. 이 사람은 가장 높고 제일가고 희유한 법을 성취하게 되나니, 이 경전이 있는 곳에는 곧 부처님과 존중받는 제자들이 함께 있음이니라."

여법수지분如法受持分 제십삼

그때 수보리가 부처님께 아뢰었다.

"세존이시여, 이 경의 이름을 무엇이라 하며, 저희들이 어떻게 받들어 지니오리까?"

부처님께서 수보리에게 이르셨다.

"이 경의 이름은 금강반야바라밀(金剛般若波羅蜜)이니, 이 이름으로 너희는 마땅히 받들어 지닐지어다.

무슨 까닭인가? 수보리야, 부처가 설하

는 반야바라밀은 곧 반야바라밀이 아니라 그 이름이 반야바라밀이기 때문이니라.

수보리야, 네 생각은 어떠하냐? 여래가 설한 바 법이 있느냐?"

수보리가 부처님께 아뢰었다.

"세존이시여, 여래께서는 설한 바가 없나이다."

"수보리야, 네 생각은 어떠하냐? 삼천대천세계에는 티끌이 얼마나 많겠느냐?"

수보리가 아뢰었다.

"매우 많나이다. 세존이시여."

"수보리야, 여래는 티끌들이 티끌이 아니라 그 이름이 티끌이라고 설하고, 여래는 세계를 세계가 아니라 그 이름이 세계라고 설하느니라.

수보리야, 네 생각은 어떠하냐? 가히 삼십이상(三十二相)으로 여래를 볼 수 있겠느냐?"

"아니옵니다, 세존이시여. 삼십이상으로는 여래를 보지 못하옵니다. 왜냐하면 여래께서 설하신 삼십이상은 곧 삼십이상이 아니라, 그 이름이 삼십이상이기 때문입니다."

"수보리야, 어떤 선남자선여인이 항하의 모래알 수만큼이나 많은 몸과 목숨을 바쳐서 보시를 하는 복보다, 어떤 사람이 이 경 가운데의 사구게 등을 수지하여 남을 위해 설하여 주는 복이 훨씬 더 뛰어나니라."

이상적멸분離相寂滅分 제십사

그때 수보리가 이 경을 설하시는 것을 듣고 깊이 그 뜻을 깨달아 눈물을 흘리며 부처님께 아뢰었다.

"희유하옵니다, 세존이시여. 부처님께서 이와 같이 심히 깊은 경전을 설하심은, 제가 혜안(慧眼)을 얻은 이후 한 번도 듣지 못하였나이다.

세존이시여, 만약 어떤 사람이 이 경을 듣고 신심이 청정해지면 곧 실상(實相)을 깨달으리니, 마땅히 이 사람이 제일 희유한 공덕을 성취하는 줄로 알겠나이다.

세존이시여, 이 실상은 곧 상이 아니오니, 그러한 까닭으로 여래께서는 실상이라고 설하셨나이다.

세존이시여, 저는 이제 이 경전을 얻어 듣고 믿고 받아지니는 것이 그다지 어렵지 않사오나, 앞으로 다가올 후오백세 뒤의 중생들이 이 경전을 듣고서 믿고 이해하고 수지한다면, 이 사람이야말로 가장 희유한 사람이 될 것이옵니다. 왜냐하면 이 사람은 아상도 없고 인상·중생상·수자상도 없기 때문입니다.

그 까닭은 아상이 곧 상이 아니요, 인상·중생상·수자상도 곧 상이 아니기 때문입니다. 왜냐하면 일체의 모든 상을 떠난 것을 이름하여 제불(諸佛)이라 하기 때문입니다."

부처님께서 수보리에게 이르셨다.

"그러하고 그러하다. 만약 어떤 사람이 이 경을 듣고 놀라지 않고 겁내지 않고 두려워하지 않는다면, 마땅히 알라. 그는 매우 희유한 사람이니라. 왜냐하면 수보리야, 여래가 설하는 제일바라밀은 곧 제일바라밀이 아니라, 그 이름이 제일바라밀이기 때문이니라.

수보리야, 인욕바라밀도 여래는 인욕바라밀이 아니라고 설하나니, 그 이름이 인욕바라밀이니라.

왜냐하면 수보리야, 옛날 가리왕이 나의 몸을 베고 끊었을 때 나는 아상도 없었고 인상이 없었으며, 중생상도 없었고 수자상도 없었느니라. 내가 마디마디 사지를 끊길 그때, 아상이나 인상·중생상·수자상이 있었더라면, 마땅히 원망하는 마음을 내었을 것이니라.

수보리야, 또 생각하니, 과거 오백세 동안 인욕선인이 되었던 그때에도 아상·인상·중생상·수자상이 없었느니라.

그러므로 수보리야, 보살은 마땅히 일체의 상을 떠나서 아뇩다라삼먁삼보리심을 발하여야 하나니, 마땅히 색에 머물러 마음을 내지 말고, 마땅히 소리와 냄새와 맛과 감촉과 법에 머물러 마음을 내지 말지니, 마땅히 머무르는 바 없이 마음을 내어야 하느니라.

만약 마음에 머무르는 바가 있으면 곧바로 그 머무름을 지울지니, 그러므로 부처님은 '보살은 마땅히 색에 머무르지 않는 보시를 해야 한다'고 설하느니라.

수보리야, 보살은 일체 중생을 이익되게 하기 위해 마땅히 이와 같이 보시를 해야 하나니, 그래서 여래는 일체의 상들이 곧 상이 아니라 설하고, 일체의 중생이 곧 중생이 아니라고 설하느니라.

수보리야, 여래는 참다운 말을 하는 이요〔眞語者〕 실다운 말을 하는 이요〔實語者〕 한결같은 말을 하는 이요〔如語者〕 속임수 없는 말을 하는 이요〔不誑語者〕 사실과 다르지 않은 말을 하는 이이니라〔不異語者〕.

수보리야, 여래가 얻은 이 법은 실도 없고 허도 없느니라.

수보리야, 만약에 보살이 그 무엇에 집착하는 마음으로 보시를 하게 되면, 그는 마치 어둠 속으로 들어가서 아무것도 보지 못하는 사람처럼 되느니라.

그러나 보살이 그 무엇에 집착하지 않는 마음으로 보시를 하게 되면, 그는 마치 눈 밝은 사람이 밝은 햇빛 아래에서 가지가지의 색을 분명히 보는 것과 같으니라.

수보리야, 장차 오는 세상의 선남자선여인이 능히 이 경을 받아지니고 읽고 외우면, 여래는 곧 부처의 지혜로써 이 사람을 다 알고 다 보아서, 그로 하여금 한량없고 가없는 공덕을 성취하게 하느니라."

지경공덕분持經功德分 제십오

"수보리야, 만약 어떤 선남자선여인이 아침에 항하의 모래 수와 같은 몸으로 보시를 하고, 낮에 다시 항하의 모래 수와 같은 몸으로 보시를 하고, 저녁에 또한 항하의 모래 수와 같은 몸으로 보시를 하되 한량없는 백천만억겁 동안 몸으로 보시를 할지라도, 어떤 사람이 이 경전을 듣고 마음으로 믿어서 거역하지 않으면, 그 복덕이 저 몸을 보시한 복덕보다 수승하니라. 하물며 사경을 하거나, 수지하고 독송하거나, 남을 위해 해설을 해주는 공덕이랴.

수보리야, 요점만 말하건대, 이 경은 불가사의하고 가히 측량할 수 없고 끝이 없는 공덕을 지니고 있나니, 여래는 대승의 마음을 발한 이를 위해 이 경을 설하고, 최상승의 마음을 발한 이를 위해 이 경을 설하느니라.

만약 어떤 사람이 능히 이 경을 수지하고 독송하고 널리 남을 위해 설하여 주면 여래는 이 사람을 다 알고 다 보나니, 이 사람은 가히 헤아릴 수 없고 측량할 수 없고 끝이 없는 불가사의 공덕을 모두 얻어서 성취하게 되며, 이 사람은 곧바로 여래의 아뇩다라삼먁삼보리를 짊어지고 나아가느니라.

왜냐하면 수보리야, 작은 법을 좋아하는 사람은 아견(我見)과 인견(人見)과 중생견(衆生見)과 수자견(壽者見)에 집착하기 때문에, 이 경을 듣고 받아들이거나, 독송을 하거나, 남을 위해 해설을 해주지 못하느니라.

수보리야, 어느 곳이든지 이 경이 있으면 마땅히 일체 세간의 천인과 인간과 아수라가 공양을 하느니라.

마땅히 알아라. 이 경이 있는 곳은 곧 탑이 되나니, 모두가 공경하여 예배를 드리고 주위를 돌면서 갖가지 꽃과 향을 뿌리느니라."

능정업장분能淨業障分 제십육

"또 수보리야, 선남자선여인이 이 경을 수지하고 독송하면서도 남에게 업신여김을 당한다면, 이 사람은 전생의 죄업으로 마땅히 악도에 떨어질 것이로되, 금생에 업신여김을 받는 까닭으로 전생의 죄업이 곧 소멸되어 마땅히 아뇩다라삼먁삼보리를 얻게 되느니라.

수보리야, 내가 과거의 헤아릴 수 없는 아승지겁을 생각해보니, 연등불을 뵙기 전에 팔백사천만억 나유타 수의 부처님들을 만나 그 부처님 모두를 공양하고 받들고 섬기면서 헛되이 지냄이 없었느니라.

그런데 어떤 사람이 앞으로 오는 말세에 능히 이 경을 받아지니고 독송을 하면, 내가 모든 부처님께 공양한 공덕으로는 그 공덕의 백분의 일에도 미치지 못하며, 천만억분의 일 내지 숫자의 비유로는 도저히 미치지 못하느니라.

수보리야, 만약 선남자선여인이 앞으로 오는 말세에 이 경을 받아지니고 독송함으로써 얻게 되는 공덕을 다 갖추어 말한다면, 혹 어떤 사람은 듣고 마음이 산란하여져서 여우처럼 의심하고 믿지 않을 것이니라.

수보리야, 마땅히 알아라. 이 경은 뜻도 불가사의하며 그 과보 또한 불가사의하니라."

구경무아분究竟無我分 제십칠

그때 수보리가 부처님께 아뢰었다.

"세존이시여, 선남자선여인들이 아뇩다라삼먁삼보리심을 발한 다음, 마땅히 어떻게 그 마음을 유지하여야 하며 어떻게 그 마음을 항복받아야 하나이까?"

부처님께서 수보리에게 이르셨다.

"만약 선남자선여인이 아뇩다라삼먁삼보리심을 발하였으면 마땅히 이와 같이 마음을 내어야 하느니라. 곧 '나는 마땅히 일체 중생을 제도하되, 일체 중생을 제도하고 나서는 실로 한 중생도 제도함이 없다' 하리니, 왜냐하면 보살에게 아상·인상·중생상·수자상이 있으면 곧 보살이 아니기 때문이니라.

무슨 까닭인가? 수보리야, 실로 법에는 아뇩다라삼먁삼보리심을 발하였다고 하는 것이 없기 때문이니라.

수보리야, 네 생각은 어떠하냐? 여래가 연등불의 처소에서 아뇩다라삼먁삼보리라고 하는 법을 얻었느냐?"

"아니옵니다, 세존이시여. 제가 부처님께서 말씀하시는 뜻을 이해하건대, 부처님께서는 연등불의 처소에서 아뇩다라삼먁삼보리라고 하는 법을 얻은 바가 없나이다."

부처님께서 이르셨다.

"그러하고 그러하다, 수보리야. 실로 여래는 아뇩다라삼먁삼보리라고 하는 법을 얻은 바가 없느니라.

수보리야, 만약 내가 아뇩다라삼먁삼보리라고 하는 법을 얻은 바가 있다면 연등불께서는 나에게, '너는 내세에 마땅히 부처를 이루어 호를 석가모니라 하리라'는 수기를 주시지 않았을 것이나, 실로 아뇩다라삼먁삼보리의 법을 얻은 바가 없기 때문에 연등불께서는 나에게, '너는 내세에 마땅히 부처를 이루어 호를 석가모니라 하리라'는 수기를 주신 것이니라. 왜냐하면 여래는 곧 '모든 법 그대로'라는 뜻이기 때문이니라.

만약 어떤 사람이 '여래가 아뇩다라삼먁삼보리를 얻었다'고 하면, 수보리야, 실로 부처님은 아뇩다라삼먁삼보리라고 하는 법을 얻은 바가 없느니라.

수보리야, 여래가 얻은 바 아뇩다라삼먁삼보리 가운데에는 실(實)도 없고 허(虛)도 없나니, 이러한 까닭으로 여래는 '일체법이 다 불법이다〔一切法 皆是佛法(일체법 개시불법)〕'고 설하느니라.

수보리야, 말한 바 일체법은 곧 일체법이 아니니라. 그러므로 그 이름을 일체법이라고 하나니, 수보리야, 비유하자면 어떤 사람의 몸을 장대하다고 하는 것과 같으니라."

수보리가 아뢰었다.

"세존이시여, 여래께서 말씀하시는 장대한 몸은 곧 장대한 몸이 아니라 그 이름이 장대한 몸이옵니다."

"수보리야, 보살 또한 이와 같아서, 만약 '내가 한량없는 중생을 제도하리라' 하면, 곧 보살이라고 이름할 수 없느니라. 왜냐하면 수보리야, 실로 보살이라고 이름할 수 있는 법이 없기 때문이니, 그러므로 부처님은 일체법이 무아상(無我相)이요 무인상(無人相)이요 무중생상(無衆生相)이요 무수자상(無壽者相)이라고 설하느니라.

수보리야, 만약 보살이 '내가 마땅히 불국토를 장엄한다'고 하면 그를 보살이라고 이름하지 않나니, 왜냐하면 여래가 설하는 '불국토의 장엄'은 곧 장엄이 아니라 그 이름이 장엄이기 때문이니라.

수보리야, 만약 보살이 무아법(無我法)을 통달하게 되면 여래는 그를 '참다운 보살'이라고 이름하느니라."

일체동관분一體同觀分 제십팔

"수보리야, 네 생각은 어떠하냐? 여래에게 육안(肉眼)이 있느냐?"

"그러하옵니다, 세존이시여. 여래는 육

안이 있사옵니다."

"수보리야, 네 생각은 어떠하냐? 여래에게 천안(天眼)이 있느냐?"

"그러하옵니다, 세존이시여. 여래는 천안이 있사옵니다."

"수보리야, 네 생각은 어떠하냐? 여래에게 혜안(慧眼)이 있느냐?"

"그러하옵니다, 세존이시여. 여래는 혜안이 있사옵니다."

"수보리야, 네 생각은 어떠하냐? 여래에게 법안(法眼)이 있느냐?"

"그러하옵니다, 세존이시여. 여래는 법안이 있사옵니다."

"수보리야, 네 생각은 어떠하냐? 여래에게 불안(佛眼)이 있느냐?"

"그러하옵니다, 세존이시여. 여래는 불안이 있사옵니다."

"수보리야, 네 생각은 어떠하냐? 저 항하 가운데 있는 모래를 여래가 모래라고 설한 적이 있느냐?"

"그러하옵니다, 세존이시여. 여래는 모래라고 설하신 적이 있사옵니다."

"수보리야, 네 생각은 어떠하냐? 저 항하의 모래알 수만큼 많은 항하가 있고, 또 그 많은 항하에 있는 모래알 수만큼이나 많은 부처님의 세계가 있다고 하면 그 세계가 얼마나 많겠느냐?"

"매우 많겠나이다, 세존이시여."

부처님께서 수보리에게 이르셨다.

"그토록 많은 국토에서 살고 있는 중생

들의 갖가지 마음을 여래는 다 알고 있느니라. 왜냐하면 여래가 설한 마음들은 다 마음이 아니라 그 이름이 마음이기 때문이니라.

무슨 까닭인가? 수보리야,
과거심도 얻을 수 없고〔過去心不可得〕
현재심도 얻을 수 없으며〔現在心不可得〕
미래심도 얻을 수 없기 때문이니라〔未來心不可得〕."

법계통화분法界通化分 제십구

"수보리야, 네 생각은 어떠하냐? 어떤 사람이 칠보로써 삼천대천세계에 가득 찰 만큼의 보시를 하였다면, 이 사람은 이 인연으로 얻을 복이 많겠느냐?"

"그러하옵니다, 세존이시여. 이 사람은 이 인연으로 얻을 복이 매우 많겠나이다."

"수보리야, 만약 복덕이 실로 있는 것이라면 얻을 복덕이 많다고 여래는 설하지 않았을 것이나, 복덕이 본래 없는 까닭에 얻을 복덕이 많다고 여래는 설하느니라."

이색이상분離色離相分 제이십

"수보리야, 네 생각은 어떠하냐? 여래를 가히 구족색신具足色身(잘 갖추어진 몸의 모습)을 통하여 볼 수 있느냐?"

"아니옵니다, 세존이시여. 구족색신으로는 마땅히 여래를 볼 수 없사옵니다. 왜냐하면 여래께서 설하신 구족색신은 곧 구족색신이 아니라 그 이름이 구족색신이기 때문입니다."

"수보리야, 네 생각은 어떠하냐? 여래를 가히 제상구족(諸相具足, 여러 가지 거룩한 상호를 갖춘 겉모습)을 통하여 볼 수 있느냐?"

"아니옵니다, 세존이시여. 제상의 구족을 통해서는 마땅히 여래를 볼 수 없사옵니다. 왜냐하면 여래께서 설하신 제상구족은 제상구족이 아니라 그 이름이 제상구족이기 때문입니다."

비설소설분非說所說分 제이십일

"수보리야, 너희는 여래가 '나는 마땅히 설한 바 법이 있다'는 생각을 하시리라고 생각하지 말라. 왜냐하면 만약 어떤 사람이 '여래께서 설한 바 법이 있다'고 한다면 곧 부처님을 비방하는 것이니, 내가 설한 바를 잘 이해하지 못한 때문이니라.

수보리야, 법을 설한다고 하나 가히 설할 만한 법이 없나니, 그 이름이 설법이니라."

그때 혜명 수보리가 부처님께 아뢰었다.

"세존이시여, 미래 세상에서 자못 어떤 중생이 이 법을 설하시는 것을 듣고 신심을 내겠나이까?"

부처님께서 이르셨다.

"수보리야, 저들은 중생도 아니요 중생이 아님도 아니니라. 왜냐하면 수보리야, 여래는 '중생·중생'에 대해, 중생이 아니라 그 이름이 중생이라고 설하느니라."

무법가득분無法可得分 제이십이

수보리가 부처님께 아뢰었다.

"세존이시여, 부처님께서 아뇩다라삼먁삼보리를 얻으신 것도 얻은 바가 없음이 되옵니까?"

부처님께서 이르셨다.

"그러하고 그러하다, 수보리야. 나는 아뇩다라삼먁삼보리에 있어 어떠한 조그마한 법도 가히 얻은 것이 없으므로, 이를 아뇩다라삼먁삼보리라 이름하느니라."

정심행선분淨心行善分 제이십삼

"또 수보리야, 이 법은 평등하여 높고 낮음이 없으므로 이를 아뇩다라삼먁삼보리라 이름하나니, 아상도 없고 인상도 없고 중생상도 없고 수자상도 없이 일체의 선법(善法)을 닦으면 곧 아뇩다라삼먁삼보리를 얻게 되느니라.

수보리야, 여래는 이른바 선법을 곧 선법이 아니라 그 이름이 선법이라고 설하느니라."

복지무비분福智無比分 제이십사

"수보리야, 만약 어떤 사람은 삼천대천세계에 있는 모든 수미산만 한 칠보 덩어리를 가져다가 보시를 하고, 어떤 사람은 금강반야바라밀경이나 사구게 등을 수지하고 독송하고 남을 위해 해설해 주면, 앞 사람의 복덕은 뒷사람의 백분의 일에도 미치지 못하고, 백천만억분의 일 내지 숫자의 비유로는 도저히 미치지 못하느니라."

화무소화분化無所化分　제이십오

"수보리야, 네 생각은 어떠하냐?

너희는 여래가 '나는 마땅히 중생을 제도한다'는 생각을 하시리라고 말하지 말라.

수보리야, 이런 생각을 하지 말라고 한 까닭이 무엇인가? 실로 여래가 제도할 중생이 없기 때문이니, 만약 여래가 제도할 중생이 있다고 한다면 여래에게 곧 아상·인상·중생상·수자상이 있음이니라.

수보리야, 여래가 설한 '내가 있음〔有我〕'은 곧 '내가 있음'이 아니거늘 범부들은 '내가 있다'고 하나니, 수보리야, 여래는 범부에 대해 곧 범부가 아니라 그 이름이 범부라고 설하느니라."

법신비상분法身非相分 제이십육

"수보리야, 네 생각은 어떠하냐? 가히 삼십이상으로써 여래를 볼 수 있느냐?"

수보리가 아뢰었다.

"예, 그러하옵니다. 삼십이상으로써 여래를 볼 수 있사옵니다."

부처님께서 이르셨다.

"수보리야, 만약 삼십이상으로써 여래를 볼 수 있다면 전륜성왕轉輪聖王도 곧 여래라고 할 수 있으리라."

수보리가 부처님께 아뢰었다.

"세존이시여, 제가 부처님께서 설하신 뜻을 이해하기로는 마땅히 삼십이상으로는 여래를 볼 수 없사옵니다."

그때 세존께서 게송으로 이르셨다.

색신으로써 나를 보려 하거나　약이색견아 若以色見我
음성으로써 나를 구하려 하면　이음성구아 以音聲求我
이 사람은 삿된 도를 행함이라　시인행사도 是人行邪道
능히 여래를 보지 못하느니라　불능견여래 不能見如來

무단무멸분無斷無滅分 제이십칠

"수보리야, 네가 만약 '여래가 구족상(具足相)을 쓰지 않은 까닭에 아뇩다라삼먁삼보리를 얻었다'는 생각을 하고 있다면, 수보리야, '여래가 구족상을 쓰지 않은 까닭에 아뇩다라삼먁삼보리를 얻었다'는 생각을 하지 말라.

수보리야, 네가 만약 '아뇩다라삼먁삼보리심을 발한 사람은 모든 법을 단멸(끊어서 없앰)을 말한다'는 생각을 하고 있다면, 그와 같

은 생각을 하여서는 아니된다. 왜냐하면 아뇩다라삼먁삼보리심을 발한 이는 법의
斷滅相
단멸상을 말하지 않기 때문이니라."

불수불탐분不受不貪分 제이십팔

"수보리야, 만약 어떤 보살은 항하의 모래알과 같은 수많은 세계에 가득 찰 만큼의 칠보를 보시하고, 어떤 사람은 일체법이 무아임을 알아서 깨달음을 얻었다면, 이 보살이 얻는 공덕이 앞의 보살이 얻는 공덕보다 수승하니라. 왜냐하면 수보리야, 보살들은 복덕을 받지 않기 때문이니라."

수보리가 부처님께 아뢰었다.

"세존이시여, 어찌하여 보살은 복덕을 받지 않는다고 하시나이까?"

"수보리야, 보살은 지은 복덕에 대해 탐착을 하지 않기 때문에 복덕을 받지 않는다고 설하느니라."

위의적정분威儀寂靜分 제이십구

"수보리야, 만약 어떤 사람이 '여래는 오기도 하고 가기도 하고 앉기도 하고 눕기도 한다'고 말한다면, 이 사람은 내가 설한 바 뜻을 알지 못함이니라. 왜냐하면 여래는 어디에서 오는 바도 없고, 어디로 가는 바도 없으므로 여래라고 이름하기 때문이니라."

일합이상분一合理相分 제삼십

"수보리야, 만약 선남자선여인이 삼천대천세계를 부수어서 작은 티끌로 만들었다면, 네 생각은 어떠하냐? 이 작은 티끌들이 많다고 하겠느냐?"

수보리가 아뢰었다.

"매우 많겠나이다, 세존이시여. 왜냐하면 만약 이 작은 티끌들이 실로 있는 것이라면 부처님께서는 곧 '작은 티끌들'이라고 설하시지 않았을 것이기 때문입니다.

그 까닭은 부처님께서 설하시는 작은 티끌들은 곧 작은 티끌들이 아니라, 그 이름이 작은 티끌들이기 때문입니다.

세존이시여, 여래께서 설하신 삼천대천세계도 곧 세계가 아니라 그 이름이 세계일 뿐이옵니다. 왜냐하면 만약 세계가 실로 있는 것이라면 곧 그것을 일합상(一合相)(한덩어리)이라고 할 것이오나, 여래께서 설하신 일합상은 곧 일합상이 아니라 그 이름이 일합상이기 때문입니다."

"수보리야, 일합상은 가히 말로써 표현할 수 없는 것이건만, 범부들은 그 일에 탐착을 하느니라."

지견불생분知見不生分 제삼십일

"수보리야, 만약 어떤 사람이 '부처님께서 아견·인견·중생견·수자견을 설하셨다'고 한다면, 수보리야, 네 생각은 어떠하냐? 이 사람이 내가 설한 뜻을 안다고 하겠느냐?"

"아니옵니다. 세존이시여, 이 사람은 여래께서 설하신 뜻을 이해하지 못하는 것이옵니다. 왜냐하면 세존께서 설하신 아견·

인견·중생견·수자견은 곧 아견·인견·중생견·수자견이 아니라 그 이름이 아견·인견·중생견·수자견이기 때문입니다."

"수보리야, 아뇩다라삼먁삼보리의 마음을 일으킨 사람은 일체법을 마땅히 이와 같이 알고 이와 같이 보고 이와 같이 믿고 이해하여 법상을 내지 말아야 하느니라.

수보리야, 여래는 이른바 법상에 대해 곧 법상이 아니라 그 이름이 법상이라고 설하느니라."

응화비진분應化非眞分 제삼십이

"수보리야, 만약 어떤 사람이 한량없는 아승지 세계에 가득 찰 만큼의 칠보로써 보시를 하고, 어떤 선남자선여인이 보살심을 발하여 이 경이나 이 경의 사구게 등을 수지하고 독송하고 다른 이를 위해 설하여 주면, 그 복은 앞의 복보다 더욱 수승하니라. 어떻게 다른 이를 위해 연설하여 줄 것인가?

상을 취하지 않고 여여부동(如如不動)할지니라.

무슨 까닭인가?

일체의 유위법은 — 一切有爲法 (일체유위법)
꿈·환상·물거품·그림자와 같고 — 如夢幻泡影 (여몽환포영)
이슬과 같고 번개와 같나니 — 如露亦如電 (여로역여전)
마땅히 이와 같이 관할지니라." — 應作如是觀 (응작여시관)

부처님께서 이 경을 설하여 마치시니, 장로 수보리와, 비구·비구니·우바새·우바

이들과, 일체 세간의 천인·인간·아수라 등이 부처님께서 설하신 말씀을 듣고 모두 크게 환희하여, 믿고 간직하고 받들어 행하였다.

금강경
한문 독송본

금 강 반 야 바 라 밀 경

金剛般若波羅蜜經

法會因由分법회인유분 제일

여시아문
如是我聞

일시 불 재사위국기수급고독원 여대비구
一時 佛 在舍衛國祇樹給孤獨園 與大比丘

중천이백오십인 구
衆千二百五十人 俱

이시 세존 식시 착의지발 입사위대성 걸식
爾時 世尊 食時 着衣持鉢 入舍衛大城 乞食

어기성중 차제걸이 환지본처 반사흘 수의
於其城中 次第乞已 還至本處 飯食訖 收衣

발 세족이 부좌이좌
鉢 洗足已 敷座而坐

善現起請分선현기청분 제이

시 장로수보리 재대중중 즉종좌기 편단우
時 長老須菩提 在大衆中 卽從座起 偏袒右

견 우슬착지 합장공경 이백불언
肩 右膝着地 合掌恭敬 而白佛言

희유세존 여래 선호념제보살 선부촉제보살
希有世尊 如來 善護念諸菩薩 善付囑諸菩薩

세존 선남자선여인 발아뇩다라삼먁삼보리
世尊 善男子善女人 發阿耨多羅三藐三菩提

심 응운하주 운하항복기심
心 應云何住 云何降伏其心

불언 선재선재 수보리 여여소설 여래 선
佛言-善哉善哉 須菩提 如汝所說 如來 善

호념제보살 선부촉제보살 여금제청 당위
護念諸菩薩 善付囑諸菩薩 汝今諦聽 當爲

여설
汝說

선남자선여인 발아뇩다라삼먁삼보리심 응
善男子善女人 發阿耨多羅三藐三菩提心 應

여시주 여시항복기심
如是住 如是降伏其心

유연세존 원요욕문
唯然世尊 願樂欲聞

大乘正宗分대승정종분 제삼

불 고 수 보 리
佛告須菩提

제 보 살 마 하 살 응 여 시 항 복 기 심 소 유 일 체 중
諸菩薩摩訶薩 應如是降伏其心 所有一切衆

생 지 류 약 난 생 약 태 생 약 습 생 약 화 생 약 유
生之類 若卵生 若胎生 若濕生 若化生 若有

색 약 무 색 약 유 상 약 무 상 약 비 유 상 비 무 상
色 若無色 若有想 若無想 若非有想非無想

아 개 영 입 무 여 열 반 이 멸 도 지
我皆令入無餘涅槃 而滅度之

여 시 멸 도 무 량 무 수 무 변 중 생 실 무 중 생 득 멸
如是滅度無量無數無邊衆生 實無衆生得滅

도 자 하 이 고 수 보 리 약 보 살 유 아 상 인 상 중
度者 何以故 須菩提 若菩薩 有我相人相衆

생 상 수 자 상 즉 비 보 살
生相壽者相 卽非菩薩

妙行無住分 묘행무주분 제사

부 차 수 보 리 보 살 어 법 응 무 소 주 행 어 보 시
復次須菩提 菩薩 於法 應無所住 行於布施

소위부주색보시 부주성향미촉법보시
所謂不住色布施 不住聲香味觸法布施

수보리 보살 응여시보시 부주어상 하이고
須菩提 菩薩 應如是布施 不住於相 何以故

약보살 부주상보시 기복덕 불가사량
若菩薩 不住相布施 其福德 不可思量

수보리 어의운하 동방허공 가사량부
須菩提 於意云何 東方虛空 可思量不

불야 세존
不也 世尊

수보리 남서북방사유상하허공 가사량부
須菩提 南西北方四維上下虛空 可思量不

불야 세존
不也 世尊

수보리 보살 무주상보시복덕 역부여시 불
須菩提 菩薩 無住相布施福德 亦復如是 不

가사량 수보리 보살 단응여소교주
可思量 須菩提 菩薩 但應如所教住

如理實見分 여리실견분 제오

수보리 어의운하 가이신상 견여래부
須菩提 於意云何 可以身相 見如來不

불야 세존 불가이신상 득견여래 하이고 여
不也 世尊 不可以身相 得見如來 何以故 如

래소설신상 즉비신상
來所說身相 卽非身相

불고수보리
佛告須菩提

범소유상 개시허망
凡所有相 皆是虛妄

약견제상비상 즉견여래
若見諸相非相 卽見如來

正信希有分정신희유분 제육

수보리 백불언
須菩提 白佛言

세존 파유중생 득문여시언설장구 생실신부
世尊 頗有衆生 得聞如是言說章句 生實信不

불고수보리
佛告須菩提

막작시설 여래멸후 후오백세 유지계수복
莫作是說 如來滅後 後五百歲 有持戒修福

자 어차장구 능생신심 이차위실 당지 시인
者 於此章句 能生信心 以此爲實 當知 是人

불어일불이불삼사오불 이종선근 이어무량
不於一佛二佛三四五佛 而種善根 已於無量

천만불소 종제선근 문시장구 내지일념생
千萬佛所 種諸善根 聞是章句 乃至一念生

정신자
淨信者

수보리 여래 실지실견 시제중생 득여시무
須菩提 如來 悉知悉見 是諸衆生 得如是無

량복덕 하이고 시제중생 무부아상인상중
量福德 何以故 是諸衆生 無復我相人相衆

생상수자상 무법상 역무비법상
生相壽者相 無法相 亦無非法相

하이고 시제중생 약심취상 즉위착아인중
何以故 是諸衆生 若心取相 卽爲着我人衆

생수자 약취법상 즉착아인중생수자 하이
生壽者 若取法相 卽着我人衆生壽者 何以

고 약취비법상 즉착아인중생수자
故 若取非法相 卽着我人衆生壽者

시고 불응취법 불응취비법
是故 不應取法 不應取非法

이시의고 여래상설 여등비구 지아설법 여
以是義故 如來常說 汝等比丘 知我說法 如

벌유자 법상응사 하황비법
筏喩者 法尙應捨 何況非法

無得無說分무득무설분 제칠

수보리 어의운하 여래득아뇩다라삼먁삼보
須菩提 於意云何 如來得阿耨多羅三藐三菩

리야 여래유소설법야
提耶 如來有所說法耶

수보리언 여아해불소설의 무유정법명아뇩
須菩提言-如我解佛所說義 無有定法名阿耨

다라삼먁삼보리 역무유정법여래가설 하이
多羅三藐三菩提 亦無有定法如來可說 何以

고 여래소설법 개불가취 불가설 비법
故 如來所說法 皆不可取 不可說 非法

비비법
非非法

소이자하 일체현성 개이무위법 이유차별
所以者何 一切賢聖 皆以無爲法 而有差別

依法出生分의법출생분 제팔

수보리 어의운하 약인 만삼천대천세계칠보
須菩提 於意云何 若人 滿三千大千世界七寶

이용보시 시인 소득복덕 영위다부
以用布施 是人 所得福德 寧爲多不

수보리언 심다 세존 하이고 시복덕 즉비
須菩提言-甚多 世尊 何以故 是福德 卽非

복덕성 시고 여래설복덕다
福德性 是故 如來說福德多

약부유인 어차경중 수지내지사구게등 위
若復有人 於此經中 受持乃至四句偈等 爲

타인설 기복승피 하이고 수보리 일체제불
他人說 其福勝彼 何以故 須菩提 一切諸佛

급제불 아뇩다라삼먁삼보리법 개종차경출
及諸佛 阿耨多羅三藐三菩提法 皆從此經出

수보리 소위불법자 즉비불법
須菩提 所謂佛法者 卽非佛法

一相無相分일상무상분 제구

수보리 어의운하 수다원 능작시념 아득수
須菩提 於意云何 須陀洹 能作是念 我得須

다원과부
陀洹果不

수보리언 불야 세존 하이고 수다원 명위
須菩提言-不也 世尊 何以故 須陀洹 名爲

입류 이무소입 불입색성향미촉법 시명수
入流 而無所入 不入色聲香味觸法 是名須

다원
陀洹

수보리 어의운하 사다함 능작시념 아득사
須菩提 於意云何 斯陀含 能作是念 我得斯

다함과부
陀含果不

수보리언 불야 세존 하이고 사다함 명일
須菩提言-不也 世尊 何以故 斯陀含 名一

왕래 이실무왕래 시명사다함
往來 而實無往來 是名斯陀含

수보리 어의운하 아나함 능작시념 아득아
須菩提 於意云何 阿那含 能作是念 我得阿

나함과부
那含果不

수보리언 불야 세존 하이고 아나함 명위
須菩提言-不也 世尊 何以故 阿那含 名爲

불래 이실무불래 시고 명아나함
不來 而實無不來 是故 名阿那含

수보리 어의운하 아라한 능작시념 아득아
須菩提 於意云何 阿羅漢 能作是念 我得阿

라한도부
羅漢道不

수보리언 불야 세존 하이고 실무유법 명
須菩提言-不也 世尊 何以故 實無有法 名

아라한 세존 약아라한 작시념 아득아라한
阿羅漢 世尊 若阿羅漢 作是念 我得阿羅漢

도 즉위착아인중생수자
道 卽爲着我人衆生壽者

세존 불설아득무쟁삼매인중 최위제일 시제
世尊 佛說我得無諍三昧人中 最爲第一 是第

일이욕아라한 세존 아부작시념 아시이욕
一離欲阿羅漢 世尊 我不作是念 我是離欲

아라한
阿羅漢

세존 아약작시념 아득아라한도 세존 즉불
世尊 我若作是念 我得阿羅漢道 世尊 卽不

설수보리 시요아란나행자 이수보리 실무소
說須菩提 是樂阿蘭那行者 以須菩提 實無所

행 이명수보리 시요아란나행
行 而名須菩提 是樂阿蘭那行

莊嚴淨土分장엄정토분 제십

불고수보리
佛告須菩提

어의운하 여래 석재연등불소 어법유소득부
於意云何 如來 昔在燃燈佛所 於法有所得不

불야 세존 여래 재연등불소 어법실무소득
不也 世尊 如來 在燃燈佛所 於法實無所得

수보리 어의운하 보살 장엄불토부
須菩提 於意云何 菩薩 莊嚴佛土不

불야 세존 하이고 장엄불토자 즉비장엄 시
不也 世尊 何以故 莊嚴佛土者 卽非莊嚴 是

명장엄
名莊嚴

시고 수보리 제보살마하살 응여시생청정심
是故 須菩提 諸菩薩摩訶薩 應如是生淸淨心

불응주색생심 불응주성향미촉법생심
不應住色生心 不應住聲香味觸法生心

응무소주 이생기심
應無所住 而生其心

수보리 비여유인 신여수미산왕 어의운하
須菩提 譬如有人 身如須彌山王 於意云何

시신위대부
是身爲大不

수보리언 심대 세존 하이고 불설비신 시
須菩提言-甚大 世尊 何以故 佛說非身 是

명대신
名大身

無爲福勝分무위복승분 제십일

수보리 여항하중소유사수 여시사등항하 어
須菩提 如恒河中所有沙數 如是沙等恒河 於

의운하 시제항하사 영위다부
意云何 是諸恒河沙 寧爲多不

수보리언 심다 세존 단제항하 상다무수
須菩提言-甚多 世尊 但諸恒河 尚多無數

하황기사
何況其沙

수보리 아금실언 고여 약유선남자선여인
須菩提 我今實言 告汝 若有善男子善女人

이칠보 만이소항하사수 삼천대천세계 이용
以七寶 滿爾所恒河沙數 三千大千世界 以用

보시 득복다부
布施 得福多不

수보리언 심다 세존
須菩提言-甚多 世尊

불고수보리
佛告須菩提

약선남자선여인 어차경중 내지수지사구게
若善男子善女人 於此經中 乃至受持四句偈

등 위타인설 이차복덕 승전복덕
等 爲他人說 而此福德 勝前福德

尊重正教分존중정교분 제십이

부차수보리 수설시경 내지사구게등 당지
復次須菩提 隨說是經 乃至四句偈等 當知

차처 일체세간천인아수라 개응공양 여불
此處 一切世間天人阿修羅 皆應供養 如佛

탑묘 하황유인 진능수지독송
塔廟 何況有人 盡能受持讀誦

수보리 당지시인 성취최상제일희유지법
須菩提 當知是人 成就最上第一希有之法

약시경전소재지처 즉위유불 약존중제자
若是經典所在之處 卽爲有佛 若尊重弟子

如法受持分여법수지분 제십삼

이시 수보리 백불언
爾時 須菩提 白佛言

세존 당하명차경 아등 운하봉지
世尊 當何名此經 我等 云何奉持

불고수보리
佛告須菩提

시경 명위금강반야바라밀 이시명자 여당
是經 名爲金剛般若波羅蜜 以是名字 汝當

봉지 소이자하 수보리 불설반야바라밀 즉
奉持 所以者何 須菩提 佛說般若波羅蜜 卽

비반야바라밀 시명반야바라밀
非般若波羅蜜 是名般若波羅蜜

수보리 어의운하 여래 유소설법부
須菩提 於意云何 如來 有所說法不

수보리 백불언
須菩提 白佛言

세존 여래 무소설
世尊 如來 無所說

수보리 어의운하 삼천대천세계소유미진
須菩提 於意云何 三千大千世界所有微塵

시위다부
是爲多不

수보리언 심다 세존
須菩提言-甚多 世尊

수보리 제미진 여래설비미진 시명미진 여
須菩提 諸微塵 如來說非微塵 是名微塵 如

래설세계 비세계 시명세계
來說世界 非世界 是名世界

수보리 어의운하 가이삼십이상 견여래부
須菩提 於意云何 可以三十二相 見如來不

불야 세존 불가이삼십이상 득견여래 하이
不也 世尊 不可以三十二相 得見如來 何以

고 여래설삼십이상 즉시비상 시명삼십이
故 如來說三十二相 卽是非相 是名三十二

상
相

수보리 약유선남자선여인 이항하사등신명
須菩提 若有善男子善女人 以恒河沙等身命

보시 약부유인 어차경중 내지수지사구게등
布施 若復有人 於此經中 乃至受持四句偈等

위타인설 기복 심다
爲他人說 其福 甚多

離相寂滅分이상적멸분 제십사

이시 수보리 문설시경 심해의취 체루비읍
爾時 須菩提 聞說是經 深解義趣 涕淚悲泣

이백불언
而白佛言

희유세존 불설여시심심경전 아종석래소득
希有世尊 佛說如是甚深經典 我從昔來所得

혜안 미증득문여시지경
慧眼 未曾得聞如是之經

세존 약부유인 득문시경 신심청정 즉생실
世尊 若復有人 得聞是經 信心淸淨 卽生實

상 당지시인 성취제일희유공덕
相 當知是人 成就第一希有功德

세존 시실상자 즉시비상 시고 여래설명실
世尊 是實相者 卽是非相 是故 如來說名實

상
相

세존 아금득문여시경전 신해수지 부족위난
世尊 我今得聞如是經典 信解受持 不足爲難

약당래세후오백세 기유중생 득문시경 신해
若當來世後五百歲 其有衆生 得聞是經 信解

수지 시인 즉위제일희유 하이고 차인 무아상
受持 是人 卽爲第一希有 何以故 此人 無我相

무인상 무중생상 무수자상
無人相 無衆生相 無壽者相

소이자하 아상 즉시비상 인상중생상수자상
所以者何 我相 卽是非相 人相衆生相壽者相

즉시비상 하이고 이일체제상 즉명제불
卽是非相 何以故 離一切諸相 卽名諸佛

불고수보리
佛告須菩提

여시여시 약부유인 득문시경 불경불포불외
如是如是 若復有人 得聞是經 不驚不怖不畏

당지시인 심위희유 하이고 수보리 여래설
當知是人 甚爲希有 何以故 須菩提 如來說

제일바라밀 즉비제일바라밀 시명제일바라
第一波羅蜜 卽非第一波羅蜜 是名第一波羅

밀
蜜

수보리 인욕바라밀 여래설비인욕바라밀
須菩提 忍辱波羅蜜 如來說非忍辱波羅蜜

시명인욕바라밀
是名忍辱波羅蜜

하이고 수보리 여아석위가리왕 할절신체
何以故 須菩提 如我昔爲歌利王 割截身體

아어이시 무아상 무인상 무중생상 무수자
我於爾時 無我相 無人相 無衆生相 無壽者

상 하이고 아어왕석 절절지해시 약유아상
相 何以故 我於往昔 節節支解時 若有我相

인상중생상수자상 응생진한
人相衆生相壽者相 應生瞋恨

수보리 우념과거어오백세 작인욕선인 어
須菩提 又念過去於五百世 作忍辱仙人 於

이소세 무아상 무인상 무중생상 무수자상
爾所世 無我相 無人相 無衆生相 無壽者相

시고 수보리 보살 응리일체상 발아뇩다라
是故 須菩提 菩薩 應離一切相 發阿耨多羅

삼먁삼보리심 불응주색생심 불응주성향미
三藐三菩提心 不應住色生心 不應住聲香味

촉법생심 응생무소주심
觸法生心 應生無所住心

약심유주 즉위비주 시고 불설보살 심불응
若心有住 卽爲非住 是故 佛說菩薩 心不應

주색보시
住色布施

수보리 보살 위이익일체중생 응여시보시
須菩提 菩薩 爲利益一切衆生 應如是布施

여래설일체제상 즉시비상 우설일체중생
如來說一切諸相 卽是非相 又說一切衆生

즉비중생
卽非衆生

수보리 여래 시진어자 실어자 여어자 불광
須菩提 如來 是眞語者 實語者 如語者 不誑

어자 불이어자
語者 不異語者

수보리 여래소득법 차법 무실무허
須菩提 如來所得法 此法 無實無虛

수보리 약보살 심주어법 이행보시 여인입
須菩提 若菩薩 心住於法 而行布施 如人入

암 즉무소견
暗 卽無所見

약보살 심부주법 이행보시 여인유목 일광
若菩薩 心不住法 而行布施 如人有目 日光

명조 견종종색
明照 見種種色

수보리 당래지세 약유선남자선여인 능어
須菩提 當來之世 若有善男子善女人 能於

차경 수지독송 즉위여래 이불지혜 실지시
此經 受持讀誦 卽爲如來 以佛智慧 悉知是

인 실견시인 개득성취무량무변공덕
人 悉見是人 皆得成就無量無邊功德

持經功德分지경공덕분 제십오

수보리 약유선남자선여인 초일분 이항하사
須菩提 若有善男子善女人 初日分 以恒河沙

등신보시 중일분 부이항하사등신보시 후일
等身布施 中日分 復以恒河沙等身布施 後日

분 역이항하사등신보시 여시무량백천만억
分 亦以恒河沙等身布施 如是無量百千萬億

겁 이신보시 약부유인 문차경전 신심불역
劫 以身布施 若復有人 聞此經典 信心不逆

기복승피 하황서사수지독송 위인해설
其福勝彼 何況書寫受持讀誦 爲人解說

수보리 이요언지 시경 유불가사의불가칭
須菩提 以要言之 是經 有不可思議不可稱

량무변공덕 여래 위발대승자설 위발최상
量無邊功德 如來 爲發大乘者說 爲發最上

승자설
乘者說

약유인 능수지독송 광위인설 여래 실지시
若有人 能受持讀誦 廣爲人說 如來 悉知是

인 실견시인 개득성취불가량불가칭무유변
人 悉見是人 皆得成就不可量不可稱無有邊

불가사의공덕 여시인등 즉위하담여래아뇩
不可思議功德 如是人等 卽爲荷擔如來阿耨

다라삼먁삼보리
多羅三藐三菩提

하이고 수보리 약요소법자 착아견인견중
何以故 須菩提 若樂小法者 着我見人見衆

생견수자견 즉어차경 불능청수독송 위인
生見壽者見 卽於此經 不能聽受讀誦 爲人

해설
解說

수보리 재재처처 약유차경 일체세간천인
須菩提 在在處處 若有此經 一切世間天人

아수라 소응공양
阿修羅 所應供養

당지차처 즉위시탑 개응공경 작례위요 이
當知此處 卽爲是塔 皆應恭敬 作禮圍繞 以

제화향 이산기처
諸華香 而散其處

能淨業障分능정업장분 제십육

부차수보리 선남자선여인 수지독송차경
復次須菩提 善男子善女人 受持讀誦此經

약위인경천 시인 선세죄업 응타악도 이금
若爲人輕賤 是人 先世罪業 應墮惡道 以今

세인경천고 선세죄업 즉위소멸 당득아뇩
世人輕賤故 先世罪業 卽爲消滅 當得阿耨

다라삼먁삼보리
多羅三藐三菩提

수보리 아념과거무량아승지겁 어연등불전
須菩提 我念過去無量阿僧祇劫 於燃燈佛前

득치팔백사천만억나유타제불 실개공양승
得値八百四千萬億那由他諸佛 悉皆供養承

사 무공과자
事 無空過者

약부유인 어후말세 능수지독송차경 소득
若復有人 於後末世 能受持讀誦此經 所得

공덕 어아소공양제불공덕 백분불급일 천
功德 於我所供養諸佛功德 百分不及一 千

만억분내지산수비유 소불능급
萬億分乃至算數譬喩 所不能及

수보리 약선남자선여인 어후말세 유수지
須菩提 若善男子善女人 於後末世 有受持

독송차경 소득공덕 아약구설자 혹유인문
讀誦此經 所得功德 我若具說者 或有人聞

심즉광란 호의불신
心卽狂亂 狐疑不信

수보리 당지 시경의불가사의 과보역불가
須菩提 當知 是經義不可思議 果報亦不可

사의
思議

究竟無我分구경무아분 제십칠

이시 수보리 백불언
爾時 須菩提 白佛言

세존 선남자선여인 발아뇩다라삼먁삼보리
世尊 善男子善女人 發阿耨多羅三藐三菩提

심 운하응주 운하항복기심
心 云何應住 云何降伏其心

불고수보리
佛告須菩提

약선남자선여인 발아뇩다라삼먁삼보리심자
若善男子善女人 發阿耨多羅三藐三菩提心者

당생여시심 아응멸도일체중생 멸도일체중
當生如是心 我應滅度一切衆生 滅度一切衆

생이 이무유일중생 실멸도자 하이고 수보
生已 而無有一衆生 實滅度者 何以故 須菩

리 약보살 유아상인상중생상수자상 즉비
提 若菩薩 有我相人相衆生相壽者相 卽非

보살
菩薩

소이자하 수보리 실무유법발아뇩다라삼먁
所以者何 須菩提 實無有法發阿耨多羅三藐

삼보리심자
三菩提心者

수보리 어의운하 여래 어연등불소 유법득
須菩提 於意云何 如來 於燃燈佛所 有法得

아뇩다라삼먁삼보리부
阿耨多羅三藐三菩提不

불야 세존 여아해불소설의 불어연등불소
不也 世尊 如我解佛所說義 佛於燃燈佛所

무유법득아뇩다라삼먁삼보리
無有法得阿耨多羅三藐三菩提

불언 여시여시 수보리 실무유법여래득아
佛言-如是如是 須菩提 實無有法如來得阿

녹다라삼먁삼보리
耨多羅三藐三菩提

수보리 약유법여래득아녹다라삼먁삼보리
須菩提 若有法如來得阿耨多羅三藐三菩提

자 연등불 즉불여아수기 여어내세 당득작
者 燃燈佛 卽不與我授記 汝於來世 當得作

불 호석가모니 이실무유법득아녹다라삼먁
佛 號釋迦牟尼 以實無有法得阿耨多羅三藐

삼보리 시고 연등불 여아수기 작시언 여어
三菩提 是故 燃燈佛 與我授記 作是言 汝於

내세 당득작불 호석가모니 하이고 여래자
來世 當得作佛 號釋迦牟尼 何以故 如來者

즉제법여의
卽諸法如義

약유인 언여래득아녹다라삼먁삼보리 수보
若有人 言如來得阿耨多羅三藐三菩提 須菩

리 실무유법불득아녹다라삼먁삼보리
提 實無有法佛得阿耨多羅三藐三菩提

수보리 여래소득아녹다라삼먁삼보리 어시
須菩提 如來所得阿耨多羅三藐三菩提 於是

중 무실무허 시고 여래설일체법개시불법
中 無實無虛 是故 如來說一切法皆是佛法

수보리 소언일체법자 즉비일체법 시고 명
須菩提 所言一切法者 卽非一切法 是故 名

일체법 수보리 비여인신장대
一切法 須菩提 譬如人身長大

수보리언 세존 여래설인신장대 즉위비대
須菩提言-世尊 如來說人身長大 卽爲非大

신 시명대신
身 是名大身

수보리 보살 역여시 약작시언 아당멸도무
須菩提 菩薩 亦如是 若作是言 我當滅度無

량중생 즉불명보살 하이고 수보리 실무유
量衆生 卽不名菩薩 何以故 須菩提 實無有

법명위보살 시고 불설일체법 무아무인무
法名爲菩薩 是故 佛說一切法 無我無人無

중생무수자
衆生無壽者

수보리 약보살 작시언 아당장엄불토 시불
須菩提 若菩薩 作是言 我當莊嚴佛土 是不

명보살 하이고 여래설장엄불토자 즉비장
名菩薩 何以故 如來說莊嚴佛土者 卽非莊

엄 시명장엄
嚴 是名莊嚴

수보리 약보살 통달무아법자 여래설명진
須菩提 若菩薩 通達無我法者 如來說名眞

시보살
是菩薩

一體同觀分일체동관분 제십팔

수보리 어의운하 여래유육안부
須菩提 於意云何 如來有肉眼不

여시세존 여래유육안
如是世尊 如來有肉眼

수보리 어의운하 여래유천안부
須菩提 於意云何 如來有天眼不

여시세존 여래유천안
如是世尊 如來有天眼

수보리 어의운하 여래유혜안부
須菩提 於意云何 如來有慧眼不

여시세존 여래유혜안
如是世尊 如來有慧眼

수보리 어의운하 여래유법안부
須菩提 於意云何 如來有法眼不

여시세존 여래유법안
如是世尊 如來有法眼

수보리 어의운하 여래유불안부
須菩提 於意云何 如來有佛眼不

여시세존 여래유불안
如是世尊 如來有佛眼

수보리 어의운하 여항하중소유사 불설시
須菩提 於意云何 如恒河中所有沙 佛說是

사부
沙不

여시세존 여래설시사
如是世尊 如來說是沙

수보리 어의운하 여일항하중소유사 유여
須菩提 於意云何 如一恒河中所有沙 有如

시사등항하 시제항하소유사수불세계 여시
是沙等恒河 是諸恒河所有沙數佛世界 如是

영위다부
寧爲多不

심다 세존
甚多 世尊

불고수보리
佛告須菩提

이소국토중소유중생 약간종심 여래실지 하
爾所國土中所有衆生 若干種心 如來悉知 何

이고 여래설제심 개위비심 시명위심
以故 如來說諸心 皆爲非心 是名爲心

소이자하 수보리
所以者何 須菩提

과거심불가득 현재심불가득 미래심불가득
過去心不可得 現在心不可得 未來心不可得

法界通化分법계통화분 제십구

수보리 어의운하 약유인 만삼천대천세계
須菩提 於意云何 若有人 滿三千大千世界

칠보 이용보시 시인 이시인연 득복다부
七寶 以用布施 是人 以是因緣 得福多不

여시세존 차인 이시인연 득복심다
如是世尊 此人 以是因緣 得福甚多

수보리 약복덕유실 여래불설득복덕다 이
須菩提 若福德有實 如來不說得福德多 以

복덕무고 여래설득복덕다
福德無故 如來說得福德多

離色離相分이색이상분 제이십

수보리 어의운하 불 가이구족색신 견부
須菩提 於意云何 佛 可以具足色身 見不

불야 세존 여래불응이구족색신견 하이고
不也 世尊 如來不應以具足色身見 何以故

여래설구족색신 즉비구족색신 시명구족색신
如來説具足色身 卽非具足色身 是名具足色身

수보리 어의운하 여래 가이구족제상 견부
須菩提 於意云何 如來 可以具足諸相 見不

불야 세존 여래불응이구족제상견 하이고
不也 世尊 如來不應以具足諸相見 何以故

여래설제상구족 즉비구족 시명제상구족
如來説諸相具足 卽非具足 是名諸相具足

非説所説分비설소설분 제이십일

수보리 여물위여래작시념 아당유소설법
須菩提 汝勿謂如來作是念 我當有所説法

막작시념 하이고 약인 언여래유소설법 즉위방불 불능해아소설고
莫作是念 何以故 若人 言如來有所説法 卽爲謗佛 不能解我所説故

수보리 설법자 무법가설 시명설법
須菩提 説法者 無法可説 是名説法

이시 혜명수보리 백불언
爾時 慧命須菩提 白佛言

세존 파유중생 어미래세 문설시법 생신심
世尊 頗有衆生 於未來世 聞說是法 生信心

부
不

불언 수보리 피비중생 비불중생 하이고
佛言-須菩提 彼非衆生 非不衆生 何以故

수보리 중생중생자 여래설비중생 시명중
須菩提 衆生衆生者 如來說非衆生 是名衆

생
生

無法可得分무법가득분 제이십이

수보리 백불언
須菩提 白佛言

세존 불 득아뇩다라삼먁삼보리 위무소득야
世尊 佛 得阿耨多羅三藐三菩提 爲無所得耶

불언 여시여시 수보리 아어아뇩다라삼먁
佛言-如是如是 須菩提 我於阿耨多羅三藐

삼보리 내지무유소법가득 시명아뇩다라삼
三菩提 乃至無有少法可得 是名阿耨多羅三

약삼보리
藐三菩提

淨心行善分정심행선분 제이십삼

부차수보리 시법평등 무유고하 시명아뇩
復次須菩提 是法平等 無有高下 是名阿耨

다라삼먁삼보리 이무아무인무중생무수자
多羅三藐三菩提 以無我無人無衆生無壽者

수일체선법 즉득아뇩다라삼먁삼보리
修一切善法 卽得阿耨多羅三藐三菩提

수보리 소언선법자 여래설즉비선법 시명
須菩提 所言善法者 如來說卽非善法 是名

선법
善法

福智無比分복지무비분 제이십사

수보리 약삼천대천세계중 소유제수미산왕
須菩提 若三千大千世界中 所有諸須彌山王

여시등칠보취 유인 지용보시 약인 이차반
如是等七寶聚 有人 持用布施 若人 以此般

야바라밀경 내지사구게등 수지독송 위타
若波羅蜜經 乃至四句偈等 受持讀誦 爲他

인설 어전복덕 백분불급일 백천만억분 내
人說 於前福德 百分不及一 百千萬億分 乃

지산수비유 소불능급
至算數譬喩 所不能及

化無所化分화무소화분 제이십오

수보리 어의운하 여등 물위여래 작시념 아
須菩提 於意云何 汝等 勿謂如來 作是念 我

당도중생
當度衆生

수보리 막작시념 하이고 실무유중생여래
須菩提 莫作是念 何以故 實無有衆生如來

도자 약유중생여래도자 여래 즉유아인중생
度者 若有衆生如來度者 如來 卽有我人衆生

수자
壽者

수보리 여래설유아자 즉비유아 이범부지인
須菩提 如來說有我者 卽非有我 而凡夫之人

이위유아 수보리 범부자 여래설즉비범부
以爲有我 須菩提 凡夫者 如來說卽非凡夫

시명범부
是名凡夫

法身非相分 법신비상분 제이십육

수보리 어의운하 가이삼십이상 관여래부
須菩提 於意云何 可以三十二相 觀如來不

수보리언 여시여시 이삼십이상 관여래
須菩提言-如是如是 以三十二相 觀如來

불언 수보리 약이삼십이상 관여래자 전륜
佛言-須菩提 若以三十二相 觀如來者 轉輪

성왕 즉시여래
聖王 卽是如來

수보리 백불언
須菩提 白佛言

세존 여아해불소설의 불응이삼십이상 관
世尊 如我解佛所說義 不應以三十二相 觀

여래
如來

이시 세존 이설게언
爾時 世尊 而說偈言

약이색견아 이음성구아
若以色見我 以音聲求我

시인행사도 불능견여래
是人行邪道 不能見如來

無斷無滅分무단무멸분 제이십칠

수보리 여약작시념 여래 불이구족상고 득
須菩提 汝若作是念 如來 不以具足相故 得

아뇩다라삼먁삼보리 수보리 막작시념 여래
阿耨多羅三藐三菩提 須菩提 莫作是念 如來

불이구족상고 득아뇩다라삼먁삼보리
不以具足相故 得阿耨多羅三藐三菩提

수보리 여약작시념 발아뇩다라삼먁삼보리
須菩提 汝若作是念 發阿耨多羅三藐三菩提

심자 설제법단멸 막작시념 하이고 발아뇩
心者 說諸法斷滅 莫作是念 何以故 發阿耨

다라삼먁삼보리심자 어법 불설단멸상
多羅三藐三菩提心者 於法 不說斷滅相

不受不貪分불수불탐분 제이십팔

수보리 약보살 이만항하사등세계칠보 지용
須菩提 若菩薩 以滿恒河沙等世界七寶 持用

보시 약부유인 지일체법무아 득성어인 차
布施 若復有人 知一切法無我 得成於忍 此

보살 승전보살 소득공덕 하이고 수보리 이
菩薩 勝前菩薩 所得功德 何以故 須菩提 以

제보살 불수복덕고
諸菩薩 不受福德故

수보리 백불언
須菩提 白佛言

세존 운하보살 불수복덕
世尊 云何菩薩 不受福德

수보리 보살 소작복덕 불응탐착 시고 설
須菩提 菩薩 所作福德 不應貪着 是故 說

불수복덕
不受福德

威儀寂靜分위의적정분 제이십구

수보리 약유인 언여래 약래약거약좌약와
須菩提 若有人 言如來 若來若去若坐若臥

시인 불해아소설의 하이고 여래자 무소종
是人 不解我所說義 何以故 如來者 無所從

래 역무소거 고명여래
來 亦無所去 故名如來

一合理相分일합이상분 제삼십

수보리 약선남자선여인 이삼천대천세계
須菩提 若善男子善女人 以三千大千世界

쇄위미진 어의운하 시미진중 영위다부
碎爲微塵 於意云何 是微塵衆 寧爲多不

수보리언 심다 세존 하이고 약시미진중
須菩提言-甚多 世尊 何以故 若是微塵衆

실유자 불 즉불설시미진중
實有者 佛 卽不說是微塵衆

소이자하 불설미진중 즉비미진중 시명미
所以者何 佛說微塵衆 卽非微塵衆 是名微

진중
塵衆

세존 여래 소설삼천대천세계 즉비세계 시
世尊 如來 所說三千大千世界 卽非世界 是

명세계 하이고 약세계 실유자 즉시일합상
名世界 何以故 若世界 實有者 卽是一合相

여래설일합상 즉비일합상 시명일합상
如來說一合相 卽非一合相 是名一合相

수보리 일합상자 즉시불가설 단범부지인
須菩提 一合相者 卽是不可說 但凡夫之人

탐착기사
貪着其事

知見不生分지견불생분 제삼십일

수보리 약인 언불설아견인견중생견수자견
須菩提 若人 言佛說我見人見衆生見壽者見

수보리 어의운하 시인 해아소설의부
須菩提 於意云何 是人 解我所說義不

불야 세존 시인 불해여래소설의 하이고 세존
不也 世尊 是人 不解如來所說義 何以故 世尊

설아견인견중생견수자견 즉비아견인견중
說我見人見衆生見壽者見 卽非我見人見衆

생견수자견 시명아견인견중생견수자견
生見壽者見 是名我見人見衆生見壽者見

수보리 발아뇩다라삼먁삼보리심자 어일체
須菩提 發阿耨多羅三藐三菩提心者 於一切

법 응여시지 여시견 여시신해 불생법상
法 應如是知 如是見 如是信解 不生法相

수보리 소언법상자 여래설즉비법상 시명
須菩提 所言法相者 如來說卽非法相 是名

법상
法相

應化非眞分 응화비진분 제삼십이

수보리 약유인 이만무량아승지세계칠보
須菩提 若有人 以滿無量阿僧祇世界七寶

지용보시 약유선남자선여인 발보살심자 지
持用布施 若有善男子善女人 發菩薩心者 持

어차경 내지사구게등 수지독송 위인연설
於此經 乃至四句偈等 受持讀誦 爲人演說

기복 승피
其福 勝彼

운하위인연설 불취어상 여여부동 하이고
云何爲人演說 不取於相 如如不動 何以故

일체유위법 여몽환포영
一切有爲法 如夢幻泡影

여로역여전 응작여시관
如露亦如電 應作如是觀

불설시경이 장로수보리 급제비구비구니
佛說是經已 長老須菩提 及諸比丘比丘尼

우바새우바이 일체세간 천인아수라 문불소
優婆塞優婆夷 一切世間 天人阿修羅 聞佛所

설 개대환희 신수봉행
說 皆大歡喜 信受奉行

금강경을 독송하는 방법

1. 경문을 읽기 전에

① 먼저 3배를 올리면서, '부처님. 감사합니다'를 세 번 염한 다음 금강경을 펼쳐 들고 축원부터 세 번 하여야 합니다.

"시방세계에 가득하신 불보살님이시여, 세세생생 지은 죄업을 모두 참회드리옵니다.

이제 이 경을 읽는 공덕을 선망조상과 유주무주 영가의 천도, 그리고 일체중생의 행복을 위해 바칩니다.

아울러 저희 가족들 모두가 건강하옵고, 하는 일들이 다 순탄하여지이다." (3번)

이렇게 기본적인 축원을 하고, 꼭 성취되기를 바라는 일이 있으면 추가로 축원을 합니다. 이 경우에는 각자의 원願에 맞게 적당한 문구를 만들

어, 이 책 4페이지에 있는 개인발원문에 써 놓고 축원을 하는 것이 좋습니다.

② 축원을 한 다음 「개법장진언」 '옴 아라남 아라다'(3번)를 염송합니다. 흔히 정구업진언•오방내외안위제신진언•개경게로 구성된 「전경轉經」을 외우기도 하는데, 「개경게」와 「개법장진언」만으로 족합니다.

③ 개법장진언 다음에는 '나무금강반야바라밀경'을 세 번 염송합니다.

나무금강반야바라밀경
나무금강반야바라밀경
나무금강반야바라밀경

경의 제목을 외우는 공덕이 매우 크기 때문에 불교 집안에서는 어떠한 경전이든 본문을 읽기 전에 경의 제목을 세 번 읽도록 가르쳐 왔습니다.

그러므로 절에서나 집에서나 금강경을 독송할 때는, 꼭 '나무금강반야바라밀경'을 세 번씩 염송하여야 합니다. 경의 제목은 그 경전 내용의 핵심을 담고 있으므로 공덕이 더욱 크다는 것을 마음에 새겨, 꼭 세 번씩 염송하시기를 당부드립니다.

2. 경문을 읽을 때

① 금강경 본문을 읽을 때는 원래 부처님께서 설하신 경문만을 읽고, 분류의 편의를 위해 표기한 32분分의 소제목(예 : 법회인유분 제일, 선현기청분 제이 등)은 읽지 않습니다.

② 금강경을 읽을 때 한문 해독 능력이 뛰어난 이라면 한자음으로 읽는 것이 좋지만, 한문 해독 능력이 충분하지 못한 이는 원문의 뜻을 한글로 풀어놓은 번역본을 읽는 것이 좋습니다.

그 까닭은 읽는 내가 내용을 이해하지 못하고 글자만 읽게 되면, 감동이 없을 뿐 아니라 공덕 또한 크게 떨어지기 때문입니다. 특히 영가를 위해 독경을 하는 경우라면 더욱 그러합니다. 영가는 우리의 말소리를 듣는 것이 아니라 생각을 읽는 존재이기 때문에, 읽는 사람이 그 내용을 이해하지 못하면 영가도 알아듣지 못하게 됩니다.

따라서 금강경을 읽을 때는 반드시 '나' 스스로에게, 또 영가에게 들려준다는 자세로 정성껏 읽어야 합니다. 절대로 '그냥 한 편을 읽기만 하면 된다'고 하면서, 뜻을 모른 채 읽어서는 안 됩니다. 스스로 뜻을 새기고 이해를 하며 읽는 것이 무엇보다 중요하다는 것을 꼭 명심하기 바랍니다.

③ 금강경을 읽다가 특별히 마음에 와닿는 구절이 있거나, 이해가 잘 되지 않는 부분이 있으면 다시 한번 읽으며 사색에 잠기는 것이 좋습니다.

독경을 한다고 하여 처음부터 끝까지 좔좔좔 시냇물 흘러가듯이 읽어 내려가는 것이 꼭 좋지만은 않습니다. 왜냐하면 독경보다는 간경看經이 훨씬 더 수승한 공덕을 나타내기 때문입니다.

간경은 경전을 마음으로 보고 마음으로 느끼며 읽는 것으로, 경전의 내용을 '나'의 것으로 만드는 훌륭한 방법입니다. 그러므로 간경을 하면 금강경의 내용이 차츰 '나'의 것이 되고, 금강경의 가르침이 '나'의 것이 되면, 천도와 업장참회는 물론이요 무량공덕이 저절로 생겨나게 됩니다. 결코 금강경을 형식적으로 읽지 않기를 당부드립니다.

④ 금강경을 다 읽었으면 회향축원을 세 번 하여야 합니다.

"이 경을 읽은 공덕을 법계 일체중생의 발보리심과 해탈과 행복에 회향하옵니다. 아울러 저희 또한 업장을 소멸하여 위없는 깨달음을 이루어지이다." (3번)

꼭 금강경을 읽은 공덕을 회향하여 마음밭에 새로운 씨를 심으시기 바랍니다.

3. 독송의 기간 및 횟수

① 가피와 소원성취, 영가천도를 이룰 목적으로 금강경을 읽을 때는 백

일 동안 독송하면 좋습니다. 곧 백일기도를 하라는 것입니다. 독송 횟수는 최소한 하루 1독, 다급한 소원이 있을 때는 하루 10독을 많이 권합니다.

'성취를 보려면 1천독은 하여야 한다'고 옛 어른들은 자주 말씀하셨습다. 1천 독을 하게 되면 부처님의 자비가 저절로 함께하게 되고, 그 가피 속에서 하루하루가 행복하고 좋은 날로 바뀌게 되기 때문입니다.

이에 이 책의 뒤에 1독 할 때마다 1칸씩을 채워 1천독 한 것을 표기할 수 있도록 1천 칸을 마련해 두었습니다.

그러나 사람에 따라 형편과 능력이 다를 것이므로 스스로 독송 기간과 횟수를 잘 선택하여 기도하면 됩니다. 단, 한번 정하였으면 아주 특별한 일이 일어나지 않는 이상 변경하지 않는 것이 좋습니다.

② 금강경 공부를 위하여, 또는 명훈가피를 위하여 독경하는 경우에는, 기간을 정하지 말고 하루 1독~3독씩 꾸준히 하는 것도 바람직합니다.

③ 독경을 하는 시간은 하루 중 가장 정신이 맑을 때나 다른 사람으로 인해 방해를 받지 않는 시간이 좋습니다. 장소는 집이나 사무실, 사찰 등 어디에서든 한자리에서 읽는 것이 좋으며, 때로는 출퇴근 버스나 지하철에서 읽어도 무방합니다. 중요한 것은 '내가 정한 약속을 지킨다'는 것임을 명심하기 바랍니다.

내가 확인하는 독경 횟수

※ 한 번 독경할 때마다 한 칸씩 확인하세요.

									10			
						20						
										50		
								100				
					150							
			200									

					500							
			550									
	600											
												650
										700		

750

800

850

900

950

1000

우룡큰스님의 금강경 강설집

생활 속의 금강경

신국판 304쪽 10,000원

『**생활 속의 금강경**』은 일평생을 수행과 중생교화를 위해 살아오신 우룡큰스님께서 그토록 어렵다는 금강경의 가르침을 우리의 생활에 접목시켜 쉽고도 재미있게 풀이한 책입니다. 이제 이 책을 통해 마음 다스리는 법을 터득하시어 우주에 가득찬 지혜와 영광과 행복을 누려보시기 바랍니다.

영험깊은 금강경 사경집(3종)

금강경 한글사경	4×6배판	112쪽	5,000원
금강경 한문사경	4×6배판	112쪽	5,000원

※ 한 권의 책으로 2번을 사경할 수 있습니다.

금강경 한문한글사경	4×6배판	100쪽	4,000원

※ 한 권의 책으로 1번 사경할 수 있으며, 한 단락씩 한자 원문을 먼저 싣고 한글번역본을 수록하여 내용 파악을 더욱 용이하게 하였습니다.

♠ 각 책마다 금강경 사경의 방법을 자세하게 설명하고 있습니다.

불자들에게 있어 가장 요긴하고 으뜸된 경전인 금강경! 이 금강경을 자꾸자꾸 사경해보십시오. 업장소멸은 물론이요 크나큰 깨달음과 갖가지 좋은 일들이 저절로 다가오게 됩니다.

독송용 금강경

① **금강경**(큰활자본)	4×6배판	112쪽	5,000원
② **우리말 금강경**	국반판	100쪽	2,500원

'불자들이 꼭 읽어야 할 불경을 우리말로 보급하겠'는 원력에 의해 제작된 책입니다. 한글 번역이 쉽고 분명하고 아름다우며 본문을 큰 글씨로 편집하여 누구나 읽기 편하도록 엮었습니다. ① 큰활자본 금강경은 앞쪽에 한글 번역본을, 뒤쪽에 한문과 한문음을 함께 수록하였습니다. ② 우리말 금강경은 휴대하여 독송하기 좋도록 제작하였습니다.

◈ 법보시는 할인혜택을 드립니다. (문의전화 : 02-587-6612)